SECTION I

L'IMPOT DES PORTES & FENÊTRES

Son maintien

Son remplacement par une nouvelle Taxe

ou sa suppression

RAPPORT

PAR

M. P. DE BOULONGNE

Avocat à la Cour d'appel de Paris.

LYON

IMPRIMERIE & LITHOGRAPHIE DU SALUT PUBLIC

71, RUE MOLIÈRE, 71

1894

L'IMPOT DES PORTES ET FENÊTRES

Son maintien

Son remplacement par une nouvelle Taxe

ou sa supression

A la suite du vote de la Chambre des Députés qui, le 7 juillet 1892, a posé le principe de la transformation de l'impôt des portes et fenêtres, un certain nombre de propositions ont été faites pour le remplacer.

Parmi ces projets, les uns substituent à la taxe des portes et fenêtres une contribution distincte et nouvelle, les autres reportent sur la taxe foncière de la propriété bâtie la part des revenus fixes provenant de l'impôt des portes et fenêtres qui disparaît, suivant le cas, en totalité ou en partie.

Les propositions qui remplacent la taxe des portes et fenêtres par une addition à l'impôt foncier sont inspirées du projet que M. Cornudet avait présenté à la Chambre le 7 juillet 1892.

Dans la proposition de M. Cornudet, l'impôt serait de 2 fr 40 0/0 du revenu net imposable de la propriété bâtie.

Dans un autre système, M. Burdeau, créant un nouvel impôt appelé « taxe d'habitation », propose de faire payer à chaque locataire une taxe proportionnelle à son loyer, pris comme base d'évaluation de son état de fortune.

Avant d'examiner les différentes taxes proposées et de les comparer à l'impôt qu'elles ont pour but de remplacer, il est indispensable de rappeler exactement en quoi consiste l'impôt des portes et fenêtres.

Chaque année le montant de l'impôt d'une commune étant fixé par répartition à une somme déterminée, il est fait application aux ouvertures de chaque propriété bâtie du tarif annexé à la loi de 1832, et, suivant que le résultat total obtenu est inférieur ou supérieur au chiffre imposé par la répartition, chaque cote est augmentée ou diminuée proportionnellement.

L'application du tableau annexé à la loi a pour conséquence de taxer chaque porte ou fenêtre suivant une échelle proportionnelle au nombre total des ouvertures, en ce sens que, par exemple, le locataire ayant 5 ouvertures paie pour chacune d'elles une somme supérieure à celle que doit l'habitant d'un logement n'en contenant que deux.

Le mécanisme de l'impôt des portes et fenêtres montre bien quel est son but.

Il doit atteindre la fortune des citoyens dans une de ses manifestations nécessaires, c'est-à-dire l'habitation, et le législateur a admis que, grâce à l'échelle annexée, le nombre des ouvertures d'une maison doit donner au fisc une idée suffisamment exacte de la position pécuniaire de chaque habitant.

Un pareil impôt ne peut pas être rigoureusement proportionnel. Néanmoins, étant donné que les taxes proposées pour le remplacer ne présentent pas une proportionnalité et une équité sensiblement supérieures, il est logique de dire que le mieux serait de conserver l'ancien impôt, avec lequel la population est familiarisée et dont elle a, tout naturellement et petit à petit, atténué ou supprimé les injustices.

Au surplus, l'impôt des portes et fenêtres a été combattu par des arguments assez peu précis lors de la discussion de 1892, et la taxe nouvelle paraissait fort peu étudiée dans ses conséquences, lorsqu'elle a fait l'objet d'un vote. Il suffit, pour s'en convaincre, de se reporter aux discussions qui ont eu lieu à la Chambre des Députés à cette époque et spécialement aux observations présentées par l'auteur de l'amendement.

Ce dernier n'a, en réalité, apporté au débat que trois arguments pour combattre l'impôt des portes et fenêtres et justifier la contribution qu'il proposait.

Il a, tout d'abord, invoqué l'opinion de M. Humann, qui avait en 1841, lorsqu'il était ministre des Finances, déclaré « qu'il était injuste « de frapper de la même taxe les ouvertures de l'hôtel somptueux du « riche et celles de la chétive habitation du pauvre », ajoutant « que « l'impôt des portes et fenêtres n'est au fond qu'une addition à la « contribution foncière de la propriété bâtie, et qu'il vaudrait mieux « l'asseoir comme celle-ci, sur le revenu net. Ce mode aurait l'avantage « de le proportionner avec la valeur de la matière imposable et avec « les facultés qu'elle présuppose. »

M. Cornudet, en second lieu, a cherché à défendre son amendement, en affirmant que la taxe qu'il proposait était rigoureusement proportionnelle aux facultés des contribuables et qu'elle aurait pour résultat d'augmenter les charges pesant sur les riches.

Enfin, dans une réplique peut-être un peu imprudente, car elle laisse paraître le vrai mobile de la proposition, il déclarait que « le locataire était « suffisamment chargé et qu'il était temps que le propriétaire payât « un peu plus. »

Reprenons ces trois arguments :

Est-il exact de dire que l'impôt des portes et fenêtres frappe également les ouvertures de l'hôtel somptueux et celles de l'habitation du pauvre ?

Le tableau annexé au texte de la loi de 1832, qui a rendu cette contribution proportionnelle au nombre des ouvertures, en ce sens que le locataire, dont l'appartement contient par exemple 5 fenêtres, paie pour chacune d'elles une somme supérieure à celle que doit le locataire du logement qui n'en contient que 2, répond déjà à l'objection. D'ailleurs, telle qu'elle est indiquée par M. Humann, la question est mal posée. Il ne s'agit pas de s'attacher au chiffre d'impôt que paie une ouverture, mais de comparer le total de la contribution qui frappe le locataire riche à celui que paie le locataire pauvre.

Or, personne ne contestera que le nombre des pièces composant l'appartement d'une personne varie avec le degré de confortable que sa situation lui permet de se procurer et que l'habitant de l'hôtel somptueux, dont parle M. Humann, paie certainement plus que le pauvre dans son habitation chétive.

L'impôt n'est donc pas aussi improportionnel qu'on veut bien le dire, à la condition toutefois de ne pas se placer à côté de la question, en l'examinant à un point de vue qui n'a aucun rapport avec les conséquences qu'on veut apprécier.

On peut ajouter, de plus, qu'indépendamment de la proportionnalité qui tient compte des différences de fortune entre les habitants d'une même localité, l'impôt des portes et fenêtres a un second avantage : le chiffre de la contribution varie suivant les régions et les centres, de telle façon que ses effets sont bien conformes à l'esprit dans lequel elle a été créée.

On sait, en effet, que l'impôt des portes et fenêtres a pour but d'atteindre le contribuable eu égard à la manifestation de ses revenus résultant de son habitation. Or, on n'ignore pas que dans un centre très habité, à Paris par exemple, les loyers sont plus chers que dans les petites villes ou à la campagne.

L'habitant de Paris est, par suite, obligé de dépenser une somme plus forte pour son loyer que celui qui vit en province, et cependant, pour une somme moindre, le dernier est logé moins à l'étroit que lui.

On comprend de suite que l'impôt des portes et fenêtres, qui est proportionnel en réalité à l'étendue du logement, établit nécessairement une échelle inversement proportionnelle au chiffre des loyers.

Un impôt, ayant pour base le loyer lui-même, n'aurait pas cet avantage, puisqu'il frapperait les contribuables sans avoir égard à ce fait que, suivant les localités, les habitants ayant des ressources identiques sont obligés de sacrifier des sommes très différentes pour se loger dans des conditions analogues.

La seconde partie de la citation empruntée à M. Humann n'a pas plus de portée que la première.

Il est, en effet, absolument inexact de dire que l'impôt des portes et fenêtres soit une addition à la contribution foncière sur la propriété bâtie.

Il est appliqué comme l'impôt foncier en tenant compte d'un élément qui a le caractère immobilier, puisqu'il s'agit d'une ouverture dans un mur. Mais là s'arrête la ressemblance entre les deux contributions, et la loi de 1832 n'a nullement créé une imitation déguisée de la taxe foncière.

Tandis que l'impôt foncier ne frappe que le revenu des propriétés immobilières, de même que l'impôt sur les valeurs mobilières n'atteint que les revenus qu'elles produisent, la contribution des portes et fenètres frappe le revenu, quel qu'il soit, dans une de ses manifestations nécessaires.

Les premiers ne concernent qu'une certaine classe de citoyens, ceux qui ont des revenus soit mobiliers, soit immobiliers ; l'autre atteint tous les habitants du pays eu égard à l'importance de leur habitation.

Dans ces conditions, si l'on veut remplacer cette taxe par une autre portant sur une catégorie seulement de citoyens, dans l'espèce les propriétaires fonciers, il faut démontrer que ces derniers sont vis-à-vis de la masse des contribuables dans une situation exceptionnellement avantageuse.

C'est ce que l'auteur de l'amendement a complètement omis de faire. Il savait d'ailleurs que cette démonstration était impossible. Aussi a t-il préféré emprunter une déclaration un peu ancienne, qui est devenue un axiome sans avoir jamais été discutée.

Le second argument invoqué par lui consiste à soutenir que la taxe qu'il propose sera « rigoureusement proportionnelle aux facultés des contribuables. »

Il semble considèrer cette vérité comme certaine et ne prend pas la peine de la démontrer.

Or, il est facile d'établir que la taxe nouvelle n'est pas proportionnelle aux facultés des contribuables.

Nous avons vu en effet, et en premier lieu, qu'elle ne porte que sur une partie de la population, c'est-à-dire sur les propriétaires fonciers qui ne sont pas nécessairement les plus riches dans la masse des contribuables. Nous verrons, dans un instant, qu'ils sont loin d'être les plus avantagés par le régime des impôts.

Il y a là un premier élément d'inexactitude dans la proportionnalité.

En second lieu, la nouvelle taxe, en admettant que la répercussion la fasse porter sur les locataires eux-mêmes, ne serait en aucune façon proportionnelle aux facultés des contribuables.

L'habitant des grands centres est en effet, ainsi que nous le disions, obligé de prélever pour son habitation une plus forte part de ses revenus que celui qui vit à la campagne ou dans une petite ville.

Pour que cette taxe soit équitable, il serait nécessaire d'y joindre une échelle de proportion, d'ailleurs extrêmement difficile à établir d'une façon exacte, tenant compte de cet élément important d'inégalité. Mais, encore une fois, il faut, pour se placer dans cette hypothèse, supposer que la répercussion aura pour résultat de décharger le propriétaire foncier, seul visé dans la réforme qui a en réalité pour but unique de l'atteindre.

Est-il donc exact de prétendre « que le locataire est suffisam-« ment chargé, qu'un poids trop lourd pèse sur ses épaules et qu'il « est temps que le propriétaire paie un peu plus. »

Sur ce point, l'auteur de l'amendement procède encore par voie d'affirmation et non par démonstration.

Sa déclaration elle-même manque d'ailleurs de précision ; car, avant de dire que le locataire paie trop par rapport au propriétaire, il aurait dû prendre la peine de dire ce qu'il entendait par le mot locataire.

C'est probablement dans sa pensée le citoyen qui ne possède qu'une fortune mobilière. Il lui était indispensable de démontrer que le propriétaire foncier se trouve vis-à-vis du propriétaire mobilier dans une situation avantageuse. Or, c'est précisément le contraire qui existe, ainsi que le faisait remarquer une note insérée dans le numéro du 16 mars 1893 du journal *La Chambre des Propriétaires.*

La propriété foncière paie 7,41 0/0 au moins par an, tandis que les valeurs mobilières ne paient que 4 0/0. Beaucoup de rentiers ont des valeurs étrangères ou autres placements hypothécaires ou de banques qui ne paient aucun impôt, alors que la propriété foncière n'échappe à aucune des charges qui la grèvent.

De plus, le propriétaire foncier paie ses impôts sur un revenu que réduisent souvent d'une façon considérable les dépenses d'entretien de toutes natures qu'il est obligé de faire ; les impôts payés par le rentier suivent, au contraire, exactement les modifications que subissent ses revenus.

Enfin, l'argument de la plus-value des propriétés pour justifier la situation défavorable dans laquelle sont les propriétaires fonciers ne peut être sérieusement invoqué ; car on peut dire que la plus-value ne se produit guère qu'avant la construction et que, du moment où l'impôt sur la propriété bâtie frappe la maison édifiée, elle devient extrêmement rare. Elle ne profite guère qu'aux spéculateurs sur terrains, qui ne représentent qu'une faible part des propriétaires fonciers.

Au surplus, au point de vue de l'ensemble des propriétés foncières, la plus-value qu'acquiert un quartier est généralement contrebalancée par une moins-value portant sur un autre quartier, de telle sorte que la situation générale ne se modifie pas.

L'auteur de la proposition, en soutenant que la taxe nouvelle serait proportionnelle aux facultés des contribuables, ajoutait qu'elle aurait également pour conséquence d'augmenter les charges pesant sur les riches.

La phrase aurait dû tout au moins être modifiée, ainsi que nous venons de le voir, il aurait fallu dire « sur les propriétaires fonciers ».

Quoi qu'il en soit, et laissant pour un moment de côté la question de savoir si, parmi les capitalistes, les propriétaires fonciers méritent d'être traités plus sévèrement que les autres, voyons si l'argument est exact et si véritablement les contribuables pauvres devront être nécessairement avantagés par la nouvelle contribution.

Ils le seraient sans doute théoriquement, puisque l'impôt qui les atteint directement cesserait de les frapper.

Mais, pratiquement, l'avantage qu'on paraît leur concéder ne leur profitera réellement qu'à une condition, c'est que la répercussion de l'impôt ne se produise pas.

On comprend, en effet, que si la répercussion a lieu, si le propriétaire réussit à augmenter ses locataires eu égard à la charge nouvelle qui le frappe, le locataire pauvre paiera l'impôt nouveau, sans qu'aucune échelle de proportion ni aucune exemption puisse venir diminuer pour lui le contre-coup de la taxe.

Comment la répercussion se produira-t-elle ? C'est ce qu'il est difficile de dire ; mais ce qui est certain, c'est que, si elle n'a pas lieu, il en résultera pour les propriétaires fonciers une injustice considérable vis-à-vis des autres capitalistes. Si, au contraire, elle a lieu, les contribuables pauvres seront peut-être plus lourdement frappés qu'avant, et cela par une taxe imaginée à leur avantage, sans qu'aucune atténuation puisse tempérer les exagérations résultant de la situation nouvelle.

On voit, par les observations qui précèdent, que le projet n'était appuyé d'aucun argument sérieux. Le gouvernement, d'ailleurs, le repoussait d'une façon absolue et les explications apportées à la tribune par M. Burdeau, rapporteur du budget, à l'occasion du vote de l'amendement, montrent que la seule conséquence de l'adoption du régime nouveau devait être une perturbation complète du système fiscal, sans qu'on pût prévoir les résultats.

En premier lieu, M. le rapporteur faisait remarquer que rien, dans les explications présentées, ne permettait de dire quels seraient les contribuables dégrevés ; aucun travail préalable n'ayant été fait au point de vue de la situation particulière qui serait, pour chacun d'eux, la conséquence du nouveau système, il était impossible d'affirmer par avance les bienfaits de la réforme proposée.

M. le rapporteur soutenait, en second lieu, que la contribution des portes et fenêtres ne pouvait pas être modifiée isolément, parce que, l'impôt personnel et mobilier et les centimes additionnels devant à leur tour être remaniés, les changements successifs apportés aux impôts directs auraient pour résultat d'enlever toute sécurité aux contribuables.

Ces arguments étaient évidemment excellents, et le gouvernement annonçait qu'il serait, comme conséquence de travaux déjà entrepris, en mesure de présenter en 1894 un projet de réformes comprenant les deux impôts, taxe des portes et fenêtres, contribution personnelle.

Le nouvel impôt a été présenté dans le budget de 1895 par M. Burdeau, ministre des finances; il a été appelé taxe d'habitation.

Il repose sur deux idées :

La première est que, dans une même localité, les loyers payés par les contribuables sont proportionnels à leurs ressources.

La deuxième est que, si l'on compare plusieurs localités entre elles, les loyers croissant en raison directe du chiffre des habitants, les contribuables doivent consacrer à leur logement une somme plus considérable dans une grande ville que dans une petite commune.

La contribution d'habitation sera donc proportionnelle au loyer, mais il sera fait application de taux gradués inversement proportionnels au chiffre de la population des communes.

Tel est le système général.

Deux mesures particulières sont destinées, dans l'idée des auteurs de la loi, à remédier aux injustices qu'ils ont prévues dans l'application.

La première consiste dans la création d'un minimum de loyer pour chaque catégorie de commune.

Le contribuable ne paiera d'impôt que pour la partie de son loyer dépassant le chiffre irréductible qu'il lui est nécessaire de dépenser pour se loger.

La deuxième exemption profite aux personnes ayant plus de deux enfants, pouvant, par suite de leur âge, être considérés comme une charge.

Les contribuables dont le loyer ne dépasse pas le minimum déterminé profitent seuls de cette seconde mesure.

Au premier abord, la nouvelle taxe peut sembler logique et basée sur des principes devant assurer une répartition équitable de l'impôt.

Malheureusement, le système absolument artificiel qui la constitue apparait, pour peu qu'on l'examine de près.

Quelle est, en effet, la base de l'impôt? C'est le loyer. Or, le loyer ne peut donner qu'une idée très inexacte de la fortune des citoyens et cela pour trois motifs :

La première raison est qu'il est impossible, dans la plupart des cas, de déterminer le *quantum* du loyer d'une façon précise.

Toutes les maisons ne sont pas louées à bail, et il ne suffit pas de contrôler les livres de l'enregistrement pour déterminer la somme que chaque personne dépense pour son logement. Beaucoup de contribuables, en France, habitent les immeubles dont ils sont propriétaires. Il résulte, en effet, d'un travail récent effectué par le Comité des travaux historiques de l'Instruction publique, travail ayant fait l'objet d'un rapport de M. de Foville et que M. Léon Say a signalé dans un de ses articles sur l'impôt foncier, que, dans les communes de 2,000 âmes et au-dessous, soixante-quatre maisons sur cent sont occupées par leur propriétaire et que pour toute la France, Paris et les grandes villes comprises, la proportion est de 56 %.

Lors de l'évaluation de la propriété bâtie, il a été, dans 2,270 communes, impossible de trouver une seule maison qui fût louée, et, dans sept départements, la proportion des maisons occupées par leur propriétaire atteignait 80 %.

On est donc forcé, le plus souvent, pour apprécier la valeur de location d'un immeuble, de se livrer à une évaluation établie, par comparaison, en examinant des propriétés louées à bail.

Les chiffres cités montrent qu'il est fréquemment très difficile de trouver dans le même quartier, dans le même pays, des termes de comparaison se trouvant dans des conditions analogues comme importance et situation à celles de la propriété dont on recherche la valeur.

Ainsi, le loyer, qui semble une chose si facile à déterminer, est, en réalité, très peu aisé à fixer d'une façon exacte.

Le second motif de l'insuffisance du loyer comme base de calcul est que, contrairement à l'opinion des auteurs du projet, dans une même localité, les loyers payés par les contribuables ne sont pas nécessairement proportionnels à leurs revenus.

La somme qu'on dépense pour son loyer dépend, en effet, d'une foule de circonstances. Il est, par exemple, absolument certain qu'une famille nombreuse occupe souvent un logement hors de proportion avec le revenu dont elle dispose. De même, certaines personnes par leur position, leurs occupations, se trouvent forcées d'habiter des quartiers dans lesquels les loyers sont très élevés.

Enfin, et c'est la troisième critique à faire à la taxe d'habitation, il est absolument inexact de dire que le prix des loyers augmente en raison directe du nombre des habitants.

Les auteurs du projet l'admettent cependant, et, pour corriger les injustices qui doivent, de leur propre aveu, résulter de l'application du principe qu'ils ont choisi, ils imaginent une échelle de proportion applicable aux différentes catégories de communes classées d'après leur population.

Cette échelle n'est pas le résultat d'un travail minutieux d'évaluation. Ce travail serait, d'ailleurs, impossible à effectuer, puisqu'il faudrait, pour le mener à fin, connaître la fortune de tous les citoyens et la comparer aux loyers qu'ils payent. Autant vaudrait alors, comme conséquence des recherches ainsi faites, créer l'impôt unique sur le revenu.

L'échelle est, comme la base elle-même de l'impôt, absolument arbitraire et, pour s'en convaincre, il suffit de lire, dans l'exposé des motifs, les arguments qu'on invoque pour la justifier.

On admet comme démontré que le loyer représente en France, en moyenne, le septième du revenu et que la part que les habitants y consacrent varie suivant les localités entre le sixième et le huitième, soit un écart de 25 pour cent entre les taux extrêmes.

Pour justifier ce chiffre, on invoque l'exemple des peuples voisins, chez lesquels l'écart entre les exemptions d'impôt sur les logements varie de 80 0/0 en Russie, de 75 0/0 en Portugal et de 58 0/0 en Belgique suivant la population des localités.

Autrement dit, l'échelle est tellement arbitraire qu'elle ne coïncide avec aucune autre déjà expérimentée.

La détermination de l'impôt est donc ainsi faite, au moyen de l'application d'une échelle arbitraire, à une base de calcul déjà inexacte et sans précision.

M le ministre des finances avait d'ailleurs, par avance, condamné lui-même l'échelle de proportion qu'il défend aujourd'hui.

En 1892 devant la Chambre, il avait, en protestant contre l'impôt défendu par M. Cornudet, cité et adopté sur la question l'opinion que lui avait exprimée M. le Directeur général des Contributions.

Il déclarait alors avoir présenté à ce dernier une échelle de proportion répondant, pensait-il, à toutes les exigences fiscales et il ajoutait que M. le Directeur général des Contributions lui avait répondu : « Vous ne savez pas si votre rapport mathématique correspond à des « réalités, vous n'avez pas étudié les conditions de l'habitation dans « les différentes catégories de communes ; vous ne savez pas s'il n'y a « pas, dans la courbe géométrique que vous avez tracée, des écarts « énormes avec la réalité. Ne croyez pas que le rapport entre le « revenu de l'habitant et le prix de l'habitation aille régulièrement « en croissant des petites communes aux grandes communes. Il y a « des régions où, bien que le revenu croisse, la valeur des habitations « ne croit pas... »

Il serait nécessaire, à l'heure actuelle, d'apporter la preuve du travail annoncé alors à la Chambre. On vient de constater que ce travail, impossible d'ailleurs à effectuer d'une façon complète, n'a jamais été fait. Le nouvel impôt sera nécessairement au moins aussi imparfait que ceux qu'il est appelé à remplacer, et au fonctionnement desquels la population s'est accoutumée. Les contribuables ont peu à peu, par la répercussion naturelle qui se produit au bout de quelque temps, fait disparaître les injustices et les inégalités résultant le l'application des contributions des portes et fenêtres et mobilières.

Transformer ces impôts dans les conditions proposées aura pour conséquence de tout bouleverser sans apporter aucune amélioration.

Ainsi que le disait, en 1892, le défenseur du projet actuel, « lors-« qu'on change les impôts, on commet une imprudence, mais lorsqu'on « change les impôts injustement, cette imprudence devient impardon-« nable ».

La situation ne s'est pas modifiée depuis le jour où était posé ce principe.

Le système analysé, qui comprend également un impôt nouveau, « la taxe sur les domestiques », destiné non pas à se substituer aux impôts des portes et fenêtres et mobilières, mais à s'ajouter à la taxe d'habitation qui les remplace a été très vivement combattu et M. Cochery, rapporteur général du Budget, imagine une réforme nouvelle. M. Cochery est d'avis, au lieu de chercher à établir le quantum de la richesse au moyen d'un signe extérieur du revenu, de frapper successivement chacun de ses éléments.

Il propose, quant à présent et pour commencer la réforme générale, de remplacer une partie de l'impôt des portes et fenêtres, qui n'est pas un impôt sur le revenu, par une augmentation de 3,20 à 4 0/0 de l'impôt des propriétés bâties.

Les critiques présentées contre le projet de M. Cornudet s'appliquent tout naturellement à ce nouveau système, qui constitue purement et simplement un accroissement de la taxe sur la propriété bâtie.

Il semble, d'une part, bien difficile de se lancer, sans plus ample examen, dans une réforme aussi importante que celle proposée par M. Georges Cochery. Il serait, d'autre part, à craindre que le nouveau système ne soit pas étendu à l'ensemble des contributions, et que la seule conséquence durable obtenue soit une augmentation pure et simple des impôts déjà considérables payés par la propriété bâtie.

On voit, en résumé, qu'aucune proposition ayant pour but de substituer une taxe nouvelle à la contribution des Portes et Fenêtres n'est de nature à constituer une amélioration sérieuse du régime fiscal.

Reste la question de savoir s'il serait possible de remplacer toutes les contributions existantes par un impôt sur le revenu. Cet examen n'entre pas dans le cadre de cette étude, spéciale à un impôt déterminé. mais il est permis de dire que la question est loin d'être résolue.

Il semble donc qu'à l'heure actuelle, et tant que des études approfondies n'auront pas précédé de nouvelles propositions, le mieux serait de conserver le régime existant, en autorisant toutefois les municipalités à modifier à titre exceptionnel, et ainsi que cela se fait à Paris Lyon et Bordeaux, l'assiette de l'impôt des portes et fenêtres, de manière à tenir compte des conditions anormales dans lesquelles se trouvent placés certains grands centres de population.

Le maintien du statu quo a au moins un avantage certain, à l'inverse des propositions dont il vient d'être question.

Il assure la répartition des charges fiscales au moyen d'un certain nombre d'impôts susceptibles de se corriger les uns les autres.

Il est en effet évident, par exemple, que les injustices qui sont la conséquence de l'application de l'impôt Foncier ne viennent pas coïncider, dans leurs conséquences, avec celles que produit la contribution des Portes et Fenêtres.

Les projets soumis à la Chambre ont, au contraire, tous pour base la valeur locative, le loyer, c'est-à-dire que tous ces impôts se confondraient, dans l'application, avec la contribution foncière et que les injustices que cette dernière entraine seraient doublées ou triplées, suivant le système que l'on adopterait, et cela sans la compensation qui a lieu à l'heure actuelle.

PAUL DE BOULONGNE,
Avocat à la Cour d'appel de Paris.

15.455. — Lyon. — Imp. Salut Public, rue Molière, 71.

9 782329 401386